S0-ACV-953

Traducción: Frank Schleper

Título original: *Es gibt so tage...*
© Editorial Jungbrunnen, Viena - Múnich, 2001
© De esta edición: Editorial Luis Vives, 2009
Carretera de Madrid, km. 315,700
50012 Zaragoza
Teléfono: 913 344 883
www.edelvives.es

ISBN: 978-84-263-6859-1
Depósito legal: Z. 4634-08

 Talleres Gráficos Edelvives (50012 Zaragoza)
Certificados ISO 9001

Impreso en España

Heinz Janisch | Helga Bansch

Los mejores días

EDELVIVES

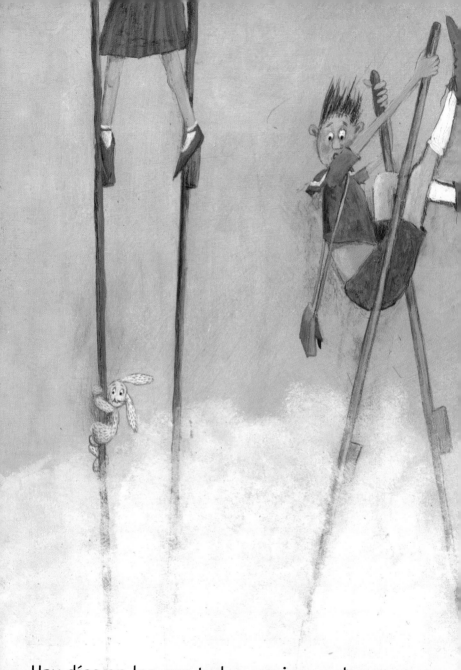

Hay días en los que todos caminan sobre zancos

y lo ven todo desde arriba.

Hay días en los que todos
llevan una cereza en la cabeza.

LABIOS
DE CEREZA

ROJO
CEREZA

ZUMO
DE CEREZA

CEREZA
CORAZÓN

CEREZA JAPONESA

Hay días en los que la ciudad parece una tupida sel

Hay días en los que todo está cubierto

por el agua.

ESCUELA

Hay días en los que todo está del revés.

Hay días en los que
a todos les dan un be

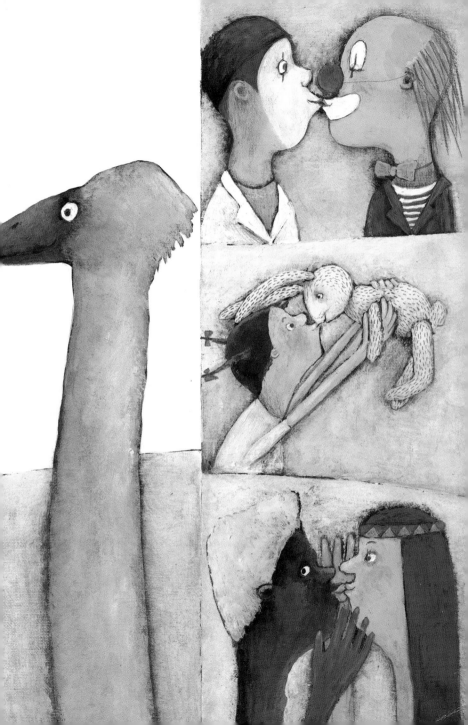

Hay días
en los que
todos apoyan
al de al lado.

Hay días en los que todos se sienten artistas.

Hay días en los que todos miran sorprendidos al cielo.

Hay días en los que las sombras son de colores.

Hay días en los que todos pueden volar.

Hay días en los que Marina
deja volar su imaginación e inventa historias.
Ésos son los mejores días.